Cómo ser cortés, amable y educado

URBANIDAD DE CARREÑO

para niños y niñas del siglo XXI

López de Mesa O, Diana, 1981-

Cómo ser cortés amable y educado : urbanidad de Carreño para niños y niñas del siglo XXI / autora editora Diana López de Mesa O. ; ilustraciones Magda Hernández. -- Bogotá : Panamericana Editorial, 2020.

56 páginas : ilustraciones ; 22 cm.

ISBN 978-958-30-6150-9

1. Cortesía - Literatura infantil 2. Conducta (ética) - Literatura infantil 3. Conducta infantil 4. Etiqueta para niños I. Hernández, Magda, ilustradora II. Tít.

I395 cd 22 ed.

CEP-Banco de la República-Biblioteca Luis Ángel Arango

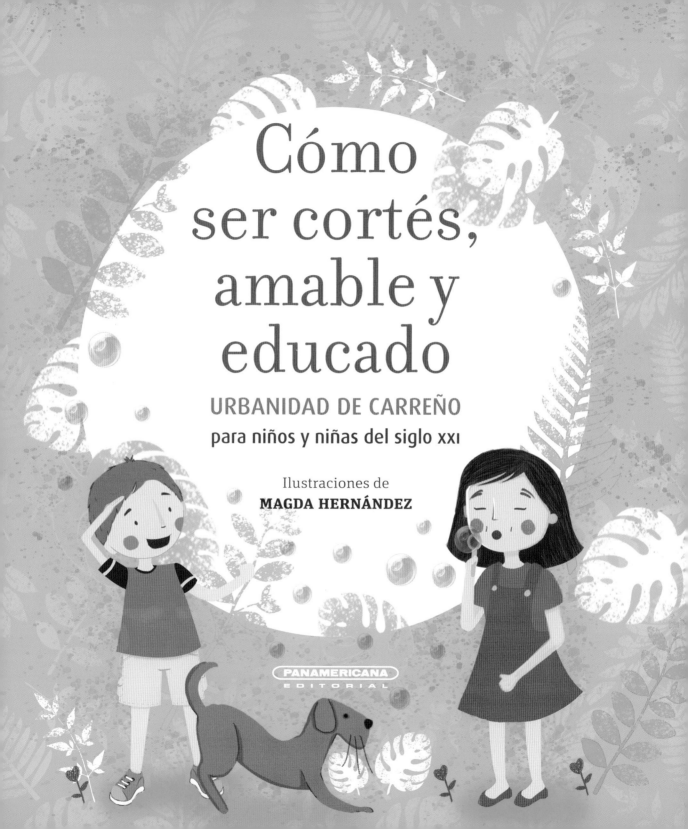

Cómo ser cortés, amable y educado

URBANIDAD DE CARREÑO

para niños y niñas del siglo XXI

Ilustraciones de
MAGDA HERNÁNDEZ

PANAMERICANA
EDITORIAL

Primera edición en Panamericana Editorial Ltda.,
enero de 2021
© 2020 Panamericana Editorial Ltda.
Calle 12 No. 34-30, Tel.: (57 1) 3649000
www.panamericanaeditorial.com
Tienda virtual: www.panamericana.com.co
Bogotá D. C., Colombia

Editor
Panamericana Editorial Ltda.
Adaptación y edición
Diana López de Mesa O.
Ilustraciones
Magda Hernández
Diseño y diagramación
Martha Cadena

ISBN 978-958-30-6150-9

Impreso por Panamericana Formas e Impresos S. A.
Calle 65 No. 95-28, Tels.: (57 1) 4302110 - 4300355. Fax: (57 1) 2763008
Bogotá D. C., Colombia
Quien solo actúa como impresor.

Impreso en Colombia - *Printed in Colombia*

Contenido

Qué es ser cortés, amable y educado

Hay muchas ideas respecto a la cortesía, la amabilidad y la educación. Acá las entendemos como herramientas para que tú y todos los que te rodean encuentren la forma de convivir de la mejor manera posible, reflejando con sus actos compasión, solidaridad y amor. Se trata entonces de resaltar los valores que nos hacen ser buenas personas.

Tú eres cortés cuando realizas actos que demuestran atención, respeto y afecto hacia los demás. Eres amable cuando al dirigirte a alguien lo haces con bondad y valoras lo que el otro dice y hace, y tratas de entender su punto de vista o su situación. Y eres educado, cuando con tus acciones buscas hacer el bien, a ti mismo y a los demás, con respeto, consideración y solidaridad.

¿Parece un poco enredado? No te preocupes, en las siguientes páginas te contaremos cómo ser cortés, amable y educado de una manera fácil y divertida.

El mundo y tú

Tus padres

Tus padres y tu familia son muy importantes para ti. Tus papás te cuidan desde antes de que nacieras, te brindan su amor y hacen todo lo que está en sus manos para que tengas salud, puedas ser una buena persona, aprendas muchas cosas sobre el mundo y seas feliz.

Y así como ellos cuidan de ti, tú puedes cuidar de ellos y retribuir todo su amor. Puedes, por ejemplo:

- Ayudarlos en las tareas diarias.

- Escuchar sus consejos, pues siempre buscan tu bienestar de forma desinteresada.

- Hablarles con respeto y hacer lo que esté en tus manos para que sean felices.

- Si no entiendes algún consejo o instrucción que te dan, pregúntales con amabilidad cuáles son las razones por las cuales lo hacen.

- Haz cosas que demuestren el amor que sientes por ellos, puede ser hacerles una linda tarjeta, darles un abrazo y decirles cuánto los quieres. ¡Sé creativo!

Tu país

Tu país es el sitio en el que vives con tus padres, tu familia, amigos, profesores y vecinos. En un mismo país se siguen las mismas leyes y tiene costumbres que lo hacen único. Todos los que viven en tu mismo país conforman una sociedad, que trabaja unida para su bienestar: el panadero hace pan para que podamos comerlo en familia, el obrero construye casas para que podamos protegernos del frío, del calor y de la lluvia... todos contribuimos a vivir mejor.

Y así como tu país te brinda muchas cosas buenas, tú puedes ser buen ciudadano realizando acciones como:

Cuidar de tu país, de las instalaciones de tu colegio, de las estaciones de transporte, de los buses, por ejemplo, no arrojando basura en las calles y explicándoles a los demás por qué es importante cuidar del país.

Obedecer las leyes y normas que te permiten vivir en armonía y respetar a los demás.

Contribuir con tus recursos a los más desvalidos: puede ser ayudando a una señora con la bolsa del mercado, cediendo el puesto en el bus a alguien que se ve cansado, animando a alguien que esté triste... ¡Hay muchas maneras de hacerlo!

Los demás

Quienes nos rodean tienen sentimientos como tú, también aman a su familia y a nuestro país. Sin los demás no podrías disfrutar de muchas cosas: ¿quién te daría clases en el colegio?, ¿quién fabricaría la ropa que vistes?, ¿quién cultivaría los alimentos que comes?, ¿quién jugaría contigo?

Las personas que te rodean son muy importantes para ti, y así como ellos te ayudan a ser una mejor persona y más feliz, tú puedes contribuir con su felicidad, haciendo cosas como:

- Ponerte en los zapatos de los demás: en muchas discusiones nos centramos en lo que nosotros sentimos, sin preocuparnos por lo que sienten los demás. Es importante que seas consciente de que los demás tienen sentimientos y que puedes herirlos si no los tratas con gentileza.

- Hablarles con respeto y de manera amistosa.

- Ayudar a los demás siempre que puedas.

- Perdonar a los demás si te ofenden o hacen algo malo: el rencor y el odio son sentimientos malos que te hacen más daño a ti que a los demás.

Tú

Así como tu familia, tu país y todos los demás son importantes, tú lo eres. Tú eres un ser especial y único, tienes mucho que aportar al mundo, a tu familia y amigos. Y para que cada día puedas ser mejor, debes:

- Alimentarte bien y hacer ejercicio: mantener un cuerpo sano hace que puedas realizar todas las actividades que quieras.

- Aprender cada día cosas nuevas: la mente es poderosa siempre y cuando la cultives.

- Quererte y respetarte: no hacer cosas que te dañen a ti mismo y no permitir que otros te irrespeten o te lastimen.

- Mantener la calma y buscar formas de resolver los problemas sin alterarte, mostrando con tus actos todos tus valores.

- Elegir bien a tus amigos, deben ser personas gentiles y amables, que te ayuden a ser mejor persona. Quienes te incitan a romper las reglas o a hacer cosas malas no son tus verdaderos amigos.

Tus hábitos diarios

El aseo es algo muy importante para tu dignidad como persona. Ser aseado es una manera de respetarte a ti mismo y a los demás. Además, es fundamental para que estés sano y fuerte, y puedas hacer las actividades que más te gustan. Por ello es clave que todos los días le dediques tiempo al aseo.

Báñate

Cuando te bañas, con el agua y el jabón eliminas bacterias que si se quedaran en tu cuerpo podrían enfermarte. Te permite eliminar el sudor, oler muy rico y estar fresco. Por todo esto, es necesario bañarse todos los días y hacerlo muy bien. Recuerda:

- Lávate las orejas por fuera y por dentro, el cuello y la nuca. Límpiate muy bien los lagrimales (los extremos de los ojos cerca a la nariz).

- Presta mucha atención a cada una de las partes del cuerpo, de la cabeza a los pies.

- Usa solo el agua y el jabón que necesites. El agua es un recurso muy importante y no debes malgastarlo.

Lávate las manos

Como tus manos siempre están expuestas es fácil que lleguen a ellas bacterias y suciedad, por eso es importante lavarse las manos:

 Antes y después de cada comida.

 Después de haber hecho alguna actividad física, de usar el transporte público o de ir al baño.

 Tan pronto llegues de la calle.

Cepilla tus dientes

Por la boca entran al interior de tu cuerpo los alimentos que te dan energía, por eso es necesario mantenerla limpia, además, si no lo haces, tendrás un aliento apestoso y nadie querrá acercarse a ti.

- Lávate los dientes y la lengua por lo menos tres veces al día, después de cada comida principal.

- Usa hilo dental y enjuague bucal.

- Después de comer revisa que no te haya quedado comida entre los dientes. ¡No te saques pedazos de comida de la boca ni con la mano ni con palillos!

Mantente aseado

Mientras estés en el colegio, visitando a tu familia, en la casa o en el parque es recomendable que cuides siempre de tu aseo personal. Aquí hay algunos consejos que puedes seguir:

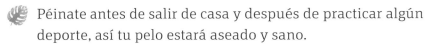 Péinate antes de salir de casa y después de practicar algún deporte, así tu pelo estará aseado y sano.

Lleva contigo pañuelos desechables y úsalos para sonarte cada vez que lo necesites, hazlo siempre muy bien para que no queden residuos en la nariz. No te quedes mirando los mocos en el pañuelo, es muy desagradable.

Lleva contigo gel antibacterial, úsalo cuando tengas las manos sucias y no puedas ir a un baño a lavártelas.

Trata de no llevarte las manos a la cara. Con las manos sueles tocar superficies contaminadas, y rascarte con ellas la cara, la cabeza, o peor aún, usar los dedos para sacarte los mocos o llevarte las manos a la boca no solo es desagradable sino que con ello corres el riesgo de contraer enfermedades.

Si has sudado, trata de bañarte lo antes posible o trata de eliminar el sudor con una toalla o un pañuelo desechable.

Mantén tus uñas limpias y cortas.

Tu ropa dice mucho de ti

La ropa te permite expresarte, te permite mostrar parte de tu personalidad, tus gustos en colores y estilos, pero sin importar cuál sea tu estilo, es bueno que la ropa que uses siempre esté limpia y que no esté rota. Si por alguna razón no puedes reemplazar alguna prenda rota, asegúrate de coserla muy bien (puedes pedirle a un adulto que te enseñe a hacerlo).

Si en tu colegio debes llevar uniforme, sigue las reglas que te indiquen los profesores con respecto a este. ¡Trata de que siempre esté limpio!

Hay ocasiones extraordinarias que ameritan usar ropa diferente; por ejemplo, si te invitan a una boda, es probable que quieras usar un traje formal para hacer que ese día sea especial para ti y sobre todo para los novios.

Por último, pero no menos importante: los zapatos. Ya sea que se trate de los zapatos de moda, de los tenis que usas para hacer deporte, de tus guayos, de tus patines o de los zapatos del uniforme, siempre deben estar en buen estado, revisa que no tengan la suela despegada y que estén muy limpios. Recuerda cambiar los cordones cuando estén desgastados.

Ambientes agradables

Todos los lugares en los que estamos nos brindan algo: tu habitación es el lugar en el que puedes relajarte y descansar, la sala es el lugar en el que puedes compartir con tu familia, en la cocina se crean muchos platillos deliciosos, el colegio es donde compartes con tus amigos... Todos esos lugares requieren de aseo permanente, para que tú puedas disfrutar de todas las actividades que haces en ellos.

Es muy importante que mantengas tu habitación ordenada y limpia, asegúrate de dejar tendida la cama en la mañana para que, cuando llegues cansado, tengas un espacio cómodo dónde relajarte. Además, limpia la suela de tus zapatos al entrar a algún lugar cerrado, trata de no ensuciar los pisos que los demás limpian con esmero. ¿Te imaginas todos los bichos que habría en el baño de tu casa o en la cocina si nadie se ocupara de limpiarlos? ¡Ayuda a mantener la limpieza!

Un poco de orden

Ser ordenado te permite ocupar bien el tiempo para todo lo que tienes que hacer.

 Mantén tus objetos ordenados, esto incluye juguetes, utensilios escolares, ropa, entre otros. Tenerlos ordenados te ayudará a encontrarlos con facilidad cuando los necesites, sin perder tiempo buscándolos. Además, tener todo ordenado te brinda tranquilidad y te permite vivir en armonía.

 Tener las cosas ordenadas también es una manera de cuidar mejor las cosas para que no se dañen o deterioren. En esta medida, otros te confiarán y te prestarán sus cosas, porque sabrán que tú las cuidarás bien, no las perderás y las devolverás en buen estado.

 Organiza tu tiempo, establece horarios para todo lo que tienes que hacer y cúmplelos: despertarte, bañarte, desayunar, ir al colegio, descansar, hacer tareas, realizar deportes, jugar, pasar tiempo con la familia... ¡Incluye todo lo que te gusta hacer! Siempre sé puntual, no les hagas perder el tiempo a los demás.

 ¡No te excedas! Hay situaciones en las que vale la pena salirse un poco del horario que determinaste y de la rutina.

Cuando estás con los demás

En la calle, en el centro comercial...

Hay un antiguo proverbio que habla de cómo todos podemos ser felices en comunidad: *no hagas a los demás lo que no quieres que te hagan a ti*. Aquí algunos consejos para respetar a los demás y poder vivir con tranquilidad y armonía:

 En las calles, en centros comerciales y en otros lugares públicos, si caminas lento, asegúrate de permitirles a otras personas adelantarte para que sigan su camino, a veces las personas están apresuradas porque están enfermas, van tarde para sus trabajos, tienen una emergencia... no lo sabemos con certeza, pero podemos ser gentiles.

🍃 Al usar las escaleras o bandas eléctricas en lugares como centros comerciales, asegúrate de quedarte en el costado derecho, así, si alguien tiene mucho afán, podrá pasar por la izquierda. Ten cuidado en las escaleras y bandas eléctricas, espera al adulto con el que vas antes de subirte, no juegues en ellas ni te distraigas.

🍃 Siempre respeta tu turno en la fila y si ves a alguien enfermo o de edad avanzada que está detrás de ti en la fila, cédele tu turno.

... en el transporte y en otros espacios públicos

En los lugares públicos trata de dejar distancia entre tú y las demás personas, no toques a los demás, de ser posible, para que tú y los otros se puedan mover con comodidad. Por ejemplo, en una fila, no te acerques demasiado a la persona que está adelante ni a la que está detrás. Si sientes que alguien está muy cerca de ti y te incomoda, retírate de inmediato y cuéntale al adulto que te acompaña.

Cuando hables con los demás, no lo hagas tan cerca que puedan sentir tu aliento. Es importante que hables siempre con un tono de voz adecuado: lo suficientemente alto para que te escuche la persona con la que hablas y lo suficientemente bajo para no molestar a otros.

Cuando estés con otros y tengas que toser, estornudar o sonarte, trata de retirarte para hacerlo, no lo hagas nunca encima de los demás.

Antes de entrar a un lugar cerrado, no importa si la puerta está abierta, anuncia que has llegado y pide permiso para entrar.

Buenos días, buenas noches

Hay algunas cosas que puedes hacer para que tú y los demás tengan un feliz día y una feliz noche:

- La costumbre de levantarte temprano es saludable y te permite disfrutar del día.

- Despierta con una sonrisa y sé amable con los demás, sin importar si aún te sientes somnoliento.

- En la noche, siempre deséales buenas noches a todos los que viven contigo.

- No te duermas con prendas inadecuadas, usa ropa cómoda especialmente destinada para la noche.

- Nunca te vayas a la cama disgustado, si has peleado con tu hermano, con tu mamá u otro miembro de la familia soluciona el problema.

- Si compartes la habitación con alguien más, trata de no molestarlo, y si los demás ya están dormidos y tú no, no hagas ruido ni actividades que puedan despertarlos.

- Cena por lo menos dos horas antes de acostarte, esto te permitirá dormir mejor.

- Ve al baño antes de acostarte y si tienes que levantarte en la noche para ir al baño, trata de no hacer ruido.

- Respeta siempre el sueño de los demás.

Con tus amigos y tu familia

Cuando convives con otros es importante que sigas algunas reglas, para que mantengas tu salud y la de los demás, por ejemplo:

- No tomes directamente de la caja de leche ni de otro recipiente grande. Sírvete siempre en un vaso.

- No compartas con tus amigos o familiares cepillos de pelo, cepillos de dientes, ropa interior u otros artículos personales.

- A veces nos causa curiosidad algún olor o sabor desagradable, es bueno comentarle al respecto a los mayores, pero por ningún motivo incites a otros a que prueben o huelan eso que es desagradable.

Eructar o echarse gases son procesos normales del cuerpo, pero no está bien hacerlo en público, trata de ir a un baño a hacerlo.

Antes de sentarte en algún lugar, asegúrate de que nadie lo esté ocupando. En el transporte público siempre cédele la silla a niños más pequeños que tú, a mamás con bebés de brazos, a mujeres embarazadas o a los ancianos.

Cuando estés de visita en la casa de alguien más, no toques las cosas que no te pertenecen.

Sé siempre gentil

Las personas gentiles son aquellas que tratan a los demás de una buena forma. ¿Cómo puedes hacerlo? ¡Acá tienes algunas ideas!:

- No saludes con la mano, y si la otra persona te ofrece su mano, dile con gentileza que lo lamentas, pero que te enseñaron a saludar sin contacto físico.

- Tus palabras y tus acciones reflejan quién eres, procura siempre mostrar toda la bondad que hay en tu interior.

- No pases por en medio de un grupo que esté hablando, si no puedes rodearlo y tienes que pasar, pide permiso para hacerlo.

- Ayuda a otros si está dentro de tus posibilidades y si no implica un riesgo para ti.

- No llegues de sorpresa ni te autoinvites a la casa de otra persona.

- Cuando entre o salga una persona mayor del lugar donde te encuentres, ponte de pie en señal de respeto.

- Cuando recibas a alguien de visita en tu casa, asegúrate de que se sienta cómodo, trátalo con amabilidad y generosidad. Cuando se vaya a ir, acompáñalo hasta la puerta.

- Si les haces una promesa a otros, siempre cúmplela.

En lugares especiales

Hay lugares en los cuales las personas realizan actividades que requieren de un comportamiento particular, para que los demás y tú mismo puedan estar tranquilos. Estos son algunos de esos lugares y cómo debes comportarte en cada uno de ellos:

En la biblioteca: hay sitios dentro de la biblioteca destinados para la lectura en silencio, allí debes tratar de hablar en voz muy baja y solo cuando sea necesario, así no perturbarás a quienes están concentrados leyendo o escribiendo.

En los templos religiosos: sin importar si sigues una creencia u otra, siempre que entres a una iglesia, a una mezquita o a otro tipo de templo religioso es importante que respetes las creencias, estos son lugares donde las personas van en busca de paz y consejo, por lo cual es importante que no grites, no corras y no te rías escandalosamente. Jamás te burles de las creencias de otros.

En el hospital: allí hay personas enfermas, que están sufriendo y que tratan de tener un poco de reposo y tranquilidad, por lo cual es muy importante que todos hagamos silencio. Sé considerado siempre con tus amigos y familiares enfermos y ayúdalos cuando puedas.

En los teatros: llega quince minutos antes de que empiece la función, así ubicarás tu puesto antes de que la función empiece y no molestarás a otros. Hay momentos en los que puedes emocionarte y aplaudir, y otros momentos donde los artistas necesitan concentrarse y por lo tanto requieren que hagas silencio.

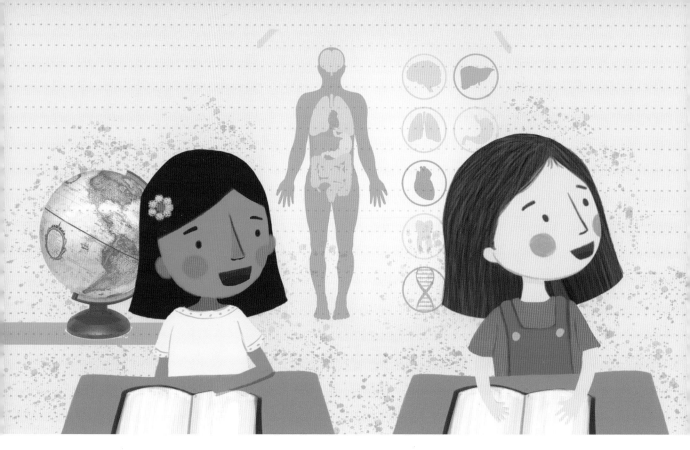

En el colegio

Cada lugar al que vayas tiene unas reglas que todos debemos seguir, el colegio no es la excepción:

- Sé puntual, siempre llega temprano a las clases. Si por alguna razón llegas tarde, discúlpate y pide permiso para entrar.

- Sé respetuoso y agradecido con tus profesores: aprecia el tiempo que dedican para que tú aprendas cosas interesantes y seas una mejor persona.

- Sé respetuoso con tus compañeros, no te burles de ellos ni hagas comentarios que puedan herir sus sentimientos, no importa si han dicho algo que parece tonto.

🌿 Levanta la mano para pedir la palabra y no interrumpas a otros cuando estén hablando.

🌿 Emplea bien el tiempo: hay momentos para jugar y hablar con tus amigos, pero a la hora de estudiar, concéntrate y pon atención a las explicaciones de los profesores, así podrás aprender más fácil y el proceso será más divertido.

🌿 Acepta las correcciones que te hacen tus profesores y compañeros con agradecimiento y reflexiona sobre lo que te han dicho.

Cuando hablas con otros

Contarles a otros lo que piensas y sientes, escuchar a los demás, comprender sus sentimiento y aprender a partir de lo que oyes es genial. Cuando hables con otros, ten en cuenta:

- Cuando entres a un lugar o te dirijas a los demás primero saluda.

- Antes de irte de un lugar despídete.

- Cuando vayas a pedir algo, di "por favor".

- Da las gracias si te ayudan de alguna forma o dicen algo amable.

- ¿Te gusta que digan cosas buenas sobre ti? ¡A los demás también! Cuando otros hagan algo que te parece genial, no dudes en dejárselos saber.

- Si cerca de ti hablan personas desconocidas, no comentes sobre su conversación, ni te inmiscuyas en ella.

- Si hay una conversación en la que quieres participar, pregunta amablemente si puedes hacer parte de esta.

- Cuando converses con alguien míralo a los ojos y no digas groserías. Tampoco es bueno crear chismes o criticar a los demás.

- Si vas acompañado y te encuentras a algún conocido, preséntalos. Por lo genera es mejor presentarle a la persona de mayor edad a la de menor edad.

- Escucha con atención lo que dicen los demás y no los interrumpas.

En la mesa

La mesa es donde compartes con tu familia y con tus amigos. Para que este sea un momento especial para ti y para los demás, hay algunas cosas que puedes hacer, como:

- Preséntate a la mesa con una vestimenta apropiada y siéntate derecho, no pongas los codos en la mesa.

- Pregunta si puedes ayudar en algo, por ejemplo, poniendo los cubiertos en la mesa.

- Antes de comer, da las gracias a quien los preparó, a quien compró los ingredientes y a quienes te acompañan en la mesa por estar allí.

- Cuando todos estén sentados a la mesa y los platos servidos, deséales que disfruten de su comida. Luego de ello sí empieza a comer.

- Al finalizar, solo levántate de la mesa cuando todos hayan terminado.

- No uses teléfonos celulares ni juegos. Es un momento para disfrutar de la compañía de los demás y de los alimentos.

- La mesa es un lugar agradable para hablar con los demás, pero no lo hagas cuando tengas comida en la boca.

- No hables de cosas desagradables en la mesa.

- Cuando la servilleta sea de tela, ponla sobre tus rodillas y úsala solo para limpiarte la boca.

- Si necesitas algo que está lejos sobre la mesa, pídele a alguien que te lo alcance.

- No sorbas los líquidos, mastica con la boca cerrada y no comas rápidamente.

Cuida la naturaleza

Ahora más que nunca es importante ser conscientes del impacto que tienen nuestras acciones en la naturaleza y de los recursos que la Tierra nos brinda. Hay muchas formas de contribuir para hacer de nuestro planeta un lugar mejor, acá te damos algunas ideas:

 Al bañarte, lavarte las manos o lavar los platos usa solo el agua y el jabón necesarios.

 Separa las basuras de forma adecuada para que los expertos puedan utilizar estos materiales para crear nuevas cosas.

 Reduce y reutiliza: usa solo lo necesario, no malgastes las cosas y trata de no botar a la basura cosas que puedes seguir utilizando.

 No botes basura en las calles, las playas ni en el mar.

🍃 Apaga las luces que no utilices.

🍃 Asegúrate de cerrar bien los grifos del agua.

🍃 Usa productos amigables con el medioambiente y de producción local.

🍃 Dona las cosas que ya no uses y que sepas que pueden servirles a otras personas.

Mundo virtual

Cada vez más tenemos que interactuar con aparatos eléctricos conectados a Internet, realizar reuniones virtuales y escribir textos por medio de aplicaciones de mensajería instantánea o correos electrónicos. Este es un espacio que compartes con otros, por eso es importante que cumplas ciertas reglas, estas son algunas:

- No uses teléfonos celulares o juegos electrónicos cuando estés en clases, en una función de cine o de teatro, en conciertos o en reuniones.

- Si tienes que hacer una reunión virtual, sé respetuoso con todos, sigue las normas del anfitrión, mantén tu micrófono en silencio y solo úsalo cuando tengas algo qué aportar sobre el tema que están tratando. Vístete como si lo hicieras para una reunión presencial.

- Al escribir correos electrónicos: en el "asunto" escribe palabras claves que le permitan a quien recibe el correo saber de qué se trata tu correo, recuerda saludar al inicio del correo y despedirte al final. Relee tu correo para que quede bien escrito, revisa si debes adjuntar archivos y asegúrate de que vaya dirigido a la persona indicada.

- En grupos de mensajería instantánea (como Whatsapp), solo habla de temas comunes al grupo, si necesitas tratar un tema con una persona en particular escríbele aparte. No uses grupos de tareas o de asuntos importantes para enviar información que no está relacionada.

- No hables con extraños por redes sociales ni por aplicaciones.

- Usa Internet con la supervisión de un adulto.

Ahora que eres cortés, amable y educado

Como ya te pudiste dar cuenta, ser cortés, amable y educado consiste en comportarte de una forma adecuada de acuerdo con la situación, seguir las reglas y tratar a las personas bien, para que todos podamos vivir felices en comunidad.

Sin embargo, antes de preocuparte por los demás es importante que cuides de ti mismo y de tu familia:

- No hables ni te vayas con extraños.

- Si no te sientes cómodo con alguna situación, cuéntaselo a un adulto en el que confíes.

- Cuida siempre a tus hermanos y hermanas, en especial si son menores que tú.

- Si vas de excursión, no te separes de tu grupo y presta atención para que nadie se pierda.

- No comas alimentos que te ofrezcan extraños, a menos que esté un adulto de confianza presente y te diga que puedes tomarlos.

- Sigue las normas de tránsito para evitar accidentes.

- Usa casco, coderas y rodilleras cuando montas tu bici o tu patineta.

- Apréndete tu dirección y el número de teléfono de tus padres.

Consejos para padres y maestros

Aprender normas de convivencia les permite a los niños y niñas:

- Ser personas responsables y autónomas.
- Valorar y apreciar lo que otros hacen por ellos.
- Ser empáticos con las personas que los rodean.
- Relacionarse de forma adecuada con otros niños y niñas, y con los adultos a su alrededor.

Para que los niños y las niñas logren ser corteses, amables y edu-
cados es necesario que cuenten con el apoyo de los adultos que
los rodean y que sean estos los primeros en poner en práctica todas las buenas normas de convivencia. Recuerda felicitar a un
niño o niña que muestre su gentileza y respeto por los demás,
hazle saber lo importante que son sus buenas acciones para él
mismo y para los demás.

Actividades sugeridas

Complementa la lectura de este libro con otras actividades. Acá te dejamos algunas ideas:

- Pídeles a los niños y niñas que hagan una lista de todas las cosas buenas que hacen sus padres por ellos, y cuando finalicen, pídeles que hagan una tarjeta de agradecimiento que incluya los elementos de la lista.

- Anímalos a que le escriban una carta a un amigo como si se acabaran de ir a vivir a otro país, en la que cuenten qué es lo que más extrañarían de su país.

- Ayúdalos a realizar una tira cómica donde los niños y niñas muestren todas las acciones que realizan a diario para estar limpios y aseados.

- Guía a los niños para que investiguen saludos en otras partes del mundo que no impliquen el contacto físico. Por ejemplo, en India las personas juntan sus manos y se inclinan hacia delante como gesto de saludo, los nativos norteamericanos mostraban la palma de su mano.

- Pídeles que piensen en las personas que ayudan con la limpieza de todos los espacios en los que realizan actividades (casa, parque, colegio, edificio...), luego analiza con ellos cómo podrían ayudarlos en su trabajo (recogiendo los platos cuando terminen de comer y lavándolos, recogiendo la basura que vean cuando van a una playa...).